RÉPUBLIQUE FRANÇAISE

DÉPARTEMENT DE L'ORNE

RAPPORT

DE

M. Louis DUVAL

SUR LES

ARCHIVES DÉPARTEMENTALES DE L'ORNE

1900

ALENÇON
IMPRIMERIE TYPOGRAPHIQUE VEUVE FÉLIX GUY & Cie
11, RUE DE LA HALLE-AUX-TOILES, 11

1900

RÉPUBLIQUE FRANÇAISE

DÉPARTEMENT DE L'ORNE

RAPPORT

DE

M. Louis DUVAL

SUR LES

ARCHIVES DÉPARTEMENTALES
DE L'ORNE

1900

ALENÇON
IMPRIMERIE TYPOGRAPHIQUE Veuve FÉLIX GUY & Cie
11, RUE DE LA HALLE-AUX-TOILES, 11

1900

RAPPORT

DE M. LOUIS DUVAL

SUR LES

ARCHIVES DÉPARTEMENTALES

DE L'ORNE

Monsieur le Préfet,

J'ai l'honneur de vous adresser mon compte rendu annuel de la situation du service des Archives départementales, communales et hospitalières.

I. Local.

La Commission des Archives, dans sa réunion du 21 juin, qui avait pour objet principal l'examen préalable des papiers dont la suppression, sur son avis, a été autorisée par le ministère, a eu occasion d'émettre un vœu au sujet des locaux. Il serait utile, d'après sa délibération, qu'un local spécial fût affecté au dépôt des papiers triés par l'Archiviste, pour que la Commission eût la facilité de pouvoir examiner les différentes catégories de documents dont la suppression est proposée. Actuellement, en effet, les paquets provenant du triage sont simplement empilés dans le bûcher, et lorsque la Commission procède à l'examen de l'état préparé par l'Archiviste, il lui est difficile de vérifier sur place la nature de chacune des catégories de pièces.

Le nombre de plus en plus grand des personnes qui sont admises à travailler aux Archives, dont l'exploration est devenue abordable par le moyen des volumes d'Inventaire publiés, a appelé également son attention sur la nécessité de consacrer une salle spéciale aux travailleurs, sous la surveillance de l'employé des Archives. Actuellement, lorsque des communications doivent être faites sur place, les personnes, parfois au nombre de trois ou quatre, sont forcées, en hiver, de travailler dans le bureau de l'Archiviste. Quoique ce bureau soit suffisamment vaste, il en résulte forcément une gêne très grande. Il serait facile, au contraire, d'installer un calorifère dans la partie de la salle n° 1 des Archives, déjà séparée par une cloison en bois. Cet aménagement devrait évidemment être établi en écartant tout danger d'incendie. Il constituerait une amélioration notable, dont le besoin se fait sentir depuis longtemps et que motive le nombre croissant des communications faites sur place. J'ai l'honneur de joindre au présent rapport un extrait de cette délibération.

Le Conseil général a examiné, dans sa dernière session, un devis, préparé par M. l'Archiviste départemental, pour l'établissement de casiers en fer entre chaque travée, dans la grande salle des Archives.

Malheureusement, l'installation de casiers en fer a l'inconvénient de revenir à un prix exorbitant (7.000 francs), devant lequel le Conseil a reculé. Des demi-casiers en bois entre chaque travée peuvent, au contraire, être établis à des conditions raisonnables et rendre le même service. Tant qu'on n'aura pas remplacé les casiers actuels par des casiers en fer, le danger d'incendie, que l'Architecte a eu en vue, n'en aurait pas moins subsisté, alors qu'on en aurait établi de nouveaux en fer, beaucoup plus coûteux. L'utilité de ces demi-casiers paraît d'autant plus grande que le versement considérable fait par l'administration de l'enregistrement et des domaines n'a pu trouver place dans les rayons actuels et qu'il est utile de ne pas scinder ce fonds important, comme l'a recommandé M. l'Inspecteur général Lacombe dans sa récente visite.

II. — Réintégrations.

Un portefeuille armorié, contenant un Recueil de titres et aveux, relatifs aux fiefs d'Ithes, de Vicq, et du pavillon de Cressey, sis en la paroisse de Neauphe-le-Vieux (Seine-et-Oise), mouvant du comté de Pontchartrain, signalé dans mon dernier Rapport comme existant à la mairie de Courmesnil (canton d'Exmes), a été remis aux Archives départementales par M. le Maire de cette commune. Les armes, frappées sur le plat, sont celles de Louis-Hercule-Timoléon de Cossé, marquis, puis duc de Cossé et de son épouse Adélaïde-Diane-Hortence Mancini de Nevers, qu'il avait épousée en 1760. Par quel hasard cette épave s'est-elle échouée à Courmesnil ? C'est ce que nous ignorons. Ce portefeuille a pris place dans la série F. Une autre réintégration, plus importante, a pu être faite, par l'entremise gracieuse de M. le comte Rœderer, conseiller général pour le canton du Mesle-sur-Sarthe. Elle se compose de quatorze bulles originales contenant des nominations d'abbesses au couvent de la Madeleine d'Essay, qui furent communiquées il y a une trentaine d'années, par mon prédécesseur, à M. de Barberey, et que celui-ci avait oubliées, tout en ayant soin de les envelopper d'une chemise pour les faire remettre à M. Gravelle-Desulis, archiviste de l'Orne.

III. — Dons.

M. Dupray de la Mahérie, conseiller général pour le canton de Pervenchères, a enrichi les Archives d'un document précieux, relatif à l'abbaye des Bénédictines, établies au faubourg actuel de Montsort. C'est le registre original des vêtures et professions des religieuses. Ce document comble une lacune, car les Archives de l'Orne ne possédaient jusqu'à ce jour qu'une seule pièce concernant les Bénédictines de Montsort.

M. Le Lorier, sous-intendant militaire à Evreux, a donné 2 pièces concernant les familles Vauquelin et de Thiboult, 1594-1595.

M. de France a donné 188 pièces parchemin et 90 pièces papier, concernant les familles Auzou, Clément de Barville, Petitfrère, Thirmoys et Tocqueville, 1552 à 1786, et l'Hôtel-Dieu d'Argentan.

Parmi les dons de livres, outre ceux provenant des souscriptions du Ministère de l'Instruction publique, on peut signaler: 1° le *Tableau synoptique des Archives de Limoges*, par M. Rougerie, archiviste municipal. Je ferai remarquer, à cette occasion, qu'il est regrettable qu'un travail semblable n'ait pas été fait pour Alençon, Argentan et autres villes principales du département de l'Orne, dont les archives renferment des documents importants; 2° *Inventaire analytique des Archives de la ville de Cherbourg*, antérieures à 1790; 3° *Catalogue pratique des nouvelles acquisitions*, 1899, Bibliothèque de la ville de Rouen; 4° l'ouvrage intitulé: *Léon de la Sicotière, sa vie et ses œuvres*, par Robert Triger, et *Bibliographie de ses écrits*, par M. Louis Polin.

IV. — Acquisitions.

Des collections importantes, qui ont naturellement leur

place dans la Bibliothèque administrative, les *Documents sur la province du Perche,* n'ont pu jusqu'à ce jour y prendre place, faute de fonds, les crédits étant absorbés par d'autres dépenses déclarées urgentes. J'espère que dans le cours de cet exercice il sera possible de faire disparaître cette lacune.

V. — Versements.

La 1re Division a versé 6 liasses.
La 2e Division a versé 12 liasses.
Le greffe du Conseil de préfecture 81 liasses.
La Trésorerie générale 129 liasses et registres.

VI. — Classements et Inventaires.

L'impression du tome IV de l'Inventaire des Archives ecclésiastiques (série H) est commencée et les six premières feuilles sont tirées. Il concerne les prieurés des Bénédictines de Domfront et de Vimoutiers et les Filles Notre-Dame d'Alençon; les autres couvents de femmes dont l'analyse est terminée, sont ceux de la Visitation et de l'Union Chrétienne. La partie inventoriée comprend, en outre, les commanderies de l'ordre de Saint-Jean de Jérusalem et de Saint-Lazare et s'arrête à l'article 5127 (commanderie de Montlioust en Bursard). Ce dernier fonds est assez important et contient d'anciens titres. Viendront ensuite les fonds des Hôpitaux et enfin le Supplément très considérable, provenant des réintégrations dont se sont enrichis les divers fonds de cette série, depuis la publication des premiers volumes. J'ai rédigé enfin l'analyse de vingt nouveaux articles de la série L (période révolutionnaire), qui seront prochainement soumis à l'approbation du Ministre.

VII. — Recherches et communications.

Les communications faites à l'administration sont au nombre de 238. Celles faites aux particuliers au nombre de 335. Vous pouvez remarquer que le nombre de ces dernières s'est accru dans des proportions considérables. J'ai eu souvent à satisfaire à cinq ou six demandes dans la même journée, et plus d'une fois mon bureau s'est trouvé envahi par les travailleurs. Les facilités qu'offrent à ceux-ci les Inventaires imprimés, étendent de plus en plus le cercle des explorations dans la partie historique. Parmi les érudits qui sont devenus les habitués des Archives, je citerai M. Blaizot, juge suppléant, qui poursuit son travail sur le bailliage d'Alençon ; M. Boutry, de la Société des antiquaires de France, qui étudie les corporations industrielles et en général les institutions de l'ancien régime. C'est à ses recherches que nous devons la découverte fortuite, dans le fonds de l'Intendance, de la charte communale, donnée par Louis XI à la ville d'Alençon, document historique d'une grande importance, non mentionné par mon prédécesseur, M. Gravelle-Desulis, dans l'Inventaire de la série C (art. 671). M. Lelièvre, instituteur à Saint-Quentin-des-Chardonnets, a trouvé, dans le même fonds, des documents importants pour l'histoire du Bocage normand. M. l'abbé Jamet a étudié l'histoire du protestantisme, particulièrement dans la région du département, qui jadis était comprise dans la généralité de Caen. M. l'abbé Richer consulte les documents relatifs à l'instruction primaire, avant et pendant la Révolution. M. l'abbé Blin a pu, au moyen des Archives départementales, compléter ses recherches sur la vénérable Marguerite de Lorraine, duchesse d'Alençon, fondatrice des Clarisses d'Alençon, d'Argentan et de Mortagne. M. Dumaine n'a pas été moins heureux en ce qui concerne l'un des évêques de Sées les plus remarquables, Mgr Louis d'Aquin, mort à la fleur de l'âge, victime de son dévouement pour les malheureux atteints d'une épidémie qui régnait dans la ville épiscopale en 1710. J'ai eu le plaisir de communiquer à Pierre Lalande le testament et l'inventaire d'une des filles de Gaston d'Orléans, Elisabeth, duchesse d'Alençon et de Guise qui, pendant les dernières années de sa vie, fit de l'Hôtel actuel de la Préfecture sa résidence d'été préférée et qui a légué à l'Hôpital d'Alençon son mobilier. A M. Jules de Guerne, secrétaire de la Société nationale d'acclimatation, j'ai moi-même adressé le résultat des recherches qu'il me demandait sur la culture de la vigne dans l'Orne au moyen âge.

Le produit des expéditions a été de 3 fr. 75.

VIII. — Archives des Sous-Préfectures, des communes et des hospices.

Voici le résumé de mes notes sur l'inspection des Archives communales depuis un an :

CANTON D'ATHIS

Athis. Etat civil remontant à 1608. — Archives classées et inventoriées, munies de lettres de séries. — Registre des délibérations, commençant à la date du 13 mai 1787. En tête des neuf membres élus le 14 octobre 1787, pour composer la municipalité, figure Jean Le Febvre, sieur de Boisbisson. La première assemblée de la municipalité se tint au presbytère, sous la présidence de M. de Saint-Germain, seigneur et patron, chevalier de Saint-Louis.

Berjou. — J'y ai trouvé un précieux tableau de recensement des habitants de la paroisse, par âge, dressé par M. Rabache, curé au moment de la Révolution ; s'étendant de 1700 à 1792.

Cahan. — Le plus ancien registre de l'état civil de cette

commune remonte à 1603. Il nous fait connaître qu'au temps d'Henri IV, cette paroisse avait pour curé vénérable et discrète personne, Me Jean Robert, et pour vicaire, Me François Le Franc, qui tenait registre des publications des testaments et autres actes. Me Jean Robert mourut en 1618, et fut inhumé le 26 octobre, par M. de Montilly. On constate que dans la paroisse se trouvait une « obstetrice » ou sage-femme, Jeanne, femme de Nicolas Coulombes, qui, assez fréquemment, apportait au curé, pour les baptiser, des enfants nés hors mariage. Parmi les familles nobles de la paroisse on voit figurer celle de Vaux. Le 27 mai 1607, demoiselle Barbe, fille de Guillaume de Vaux, sieur du lieu, fut marraine avec Michel Coustel, meunier au Pont-d'Ouilly. A la date du 27 décembre 1662, un fils, « par Louys de Vaulx, escuyer, sieur de Fromont et demoiselle Marie de Saint-Sauveur, son espouse, nommé Guy par Guy Le Faibvre, sieur du Tel, présence de demoiselle Sécile de Vaulx ».

Malheureusement ce registre est en péril de destruction, par suite de l'humidité du placard dans lequel je l'ai découvert.

Bréel. — Etat civil depuis 1628.

Lande-Saint-Siméon (La). — Inventaire fait en 1874. Etat civil depuis 1673, époque où la paroisse avait pour curé Louis de Montbrey, qui a placé dans le premier registre la note suivante :

« Marguerin Le Putois est le plus ancien des curés connus dans cette paroisse ; il vécut dans le xve siècle, lorsque messire Louis de Saint-Germain, seigneur de Rouvières et Marguerite du Flollin, son épouse, vendirent aux religieux de l'abbaye du Val, une portion des dimes de la Lande, le 1er septembre 1450, moyennant le prix et somme de 60 escus d'or et 4 livres 10 sols de vin. Cependant les curés de la Lande recouvrèrent, le 14 octobre 1663, cette portion de leurs dimes que M. de Saint-Germain avait aliénée. »

Dans le registre de 1780, je trouve un relevé du chiffre de la population : 80 ménages et 350 habitants « dont près de 200 communiants et pas un protestant ».

Méril-Hubert-sur-Orne. — Etat civil depuis 1668. Local humide.

Notre-Dame-du-Rocher (autrefois Mille-Savattes). — Etat civil depuis 1722. Je n'ai pas trouvé les registres des délibérations de l'époque de la Révolution, dont l'existence m'est révélée par une note antérieure. Ces registres contiennent l'histoire de la paroisse : nomination du greffier de la municipalité, le 23 septembre 1787; du cahier de doléances des habitants en 1789 et d'ordonnance du Comité de Falaise, en date du 26 juillet de la même année. Jean-Baptiste-Louis de Sainte-Marie, écuyer, ancien garde du corps et pensionnaire du roi, syndic de la municipalité nommée en 1787, fit le 27 mars 1790, à M. Charles Pigeon, nouveau maire, la remise de tous les papiers concernant sa gestion. Le 7 janvier 1791, le maire fait le recensement des pailles existant dans la grange dimeresse et en fait faire livraison aux habitants. — Le 30 janvier, prestation de serment de Farain, curé de Mille-Savattes ; — le 24 juillet, bénédiction du drapeau de la garde nationale, conduite par M. de Sainte-Marie, commandant ; — le 27 février 1792, des députés de la municipalité sont chargés de prier l'abbé Dugué, vicaire de Sainte-Honorine-la-Guillaume, de venir occuper le poste de desservant à Mille-Savattes ; — 6 mars 1793, troubles à Mille-Savattes, à la suite d'une incursion des habitants de Sainte-Honorine-la-Guillaume. — An III. Ecole primaire à Mille-Savattes, tenue par Claude-Jean Sévray, instituteur ; — 28 germinal an V. Protestation contre le projet de réunion de la commune de Mille-Savattes à celle de Taillebois, attendu que Mille-Savattes est entourée de deux rivières, la Rouvre et la Goulaudre et séparée de Taillebois par une montagne très rapide.

Je pense qu'il y a lieu d'écrire au maire de Notre-Dame-du-Rocher pour lui demander ce que sont devenus les registres en question et pour l'inviter à dresser sans retard un Inventaire des archives de sa commune.

Ronfeugeray. — Etat civil depuis 1656. Délibérations depuis 1837. Où sont les registres antérieurs? Pas d'inventaire.

Ségrie-Fontaine. — Etat civil depuis 1580. Les registres des délibérations sont en ce moment chez le maire, à l'occasion d'un procès. Pas d'inventaire.

Taillebois. — Etat civil depuis 1692. Délibérations depuis 1834.

CANTON DE LA FERTÉ-MACÉ

Couterne. — L'importance des archives de Couterne a été signalée dans le rapport de 1887. André Durand, curé ou vicaire de Couterne, de 1584 à 1647, date de sa mort, nous a laissé, dans les registres tenus par lui, des notes personnelles ou relatives à sa paroisse, d'un véritable intérêt. En 1581, il avait pris part comme acteur à une représentation du *Mystère de Sainte-Barbe*, qui fut donnée au Mans, renseignement précieux pour l'histoire du théâtre dans le Maine. Il fut vicaire de Couterne de 1586 à 1599 et fut nommé curé en 1603. Sur l'histoire de sa paroisse, ses notes ne sont pas moins précieuses. Voici d'abord quelques renseignements relatifs à la population que l'on rencontre trop rarement dans les documents de cette époque : « Depuis que moy, presbtre indigne, curé ou vicaire en ladite église de Couterne, je commençay à administrer les saints sacrements audit lieu, jusqu'au jour 13e de mars 1625, j'ai baptisé des enfans jusques au nombre de mil soixante et six.

« Depuis le 1er jour de janvier 1603, l'an que je fus nommé

curé de Couterne, jusqu'à ce jourd'huy jeudi, 13e jour du mois de mars 1625, j'ay baptisé en l'église de Couterne, 821 enfants. »

J'ai relevé, en outre, dans ces registres les extraits suivants :

« Le jeudi 28e jour de may 1594, viron deux heures après midy, fut baptisé Guillaume Dieuleveut, tenu par noble homme Guillaume Morbay, seigneur de Blin, vicomte d'Avranches ; noble René Mallet, sieur du Fresne et noble demoiselle Antoinette Robillard, femme de feu Jean de Littry, sieur du Fresne.

« Noble homme René Mallet, sieur du Fresne, espousa noble demoiselle Suzanne de Crux, le mardi, jour 17e de janvier, l'an 1606, et l'espousa à Mehoudin. »

« Le samedi, jour de la Magdeleine, 22e de juillet, sur les huit ou neuf heures du soir, se fist un épouvantable tremblement de terre, qui arriva comme un coup de tonnerre.

« Le dimanche, jour 19e d'octobre 1608, fut baptisé noble Charles Mallet, fils de noble René Mallet, sieur de Fresnes et de demoiselle Suzanne de Crux ; son parrain, noble Urbain des Chapelles, presbtre, curé de Madré ; fut sa marraine noble demoiselle Charlotte du Tillet, demeurante à Paris, dame de Lassay.

« Katherine Mallet, fille de noble René Mallet et de demoiselle de Crux, son épouse, mourut et fut enterrée en la chapelle de Lignou, le mardi 17e août 1611 ; fut née au mercredi et mourut au mardi.

« Le lundi, jour 5e de novembre 1612, Denis Riboutz, fils Léonard, mourut et fut belle la fin de ce jeune garçon, pour mourir bon crestien et de bonne volonté et qui congneut l'heure de sa mort, qui rendit son âme à Dieu, ostant son bonnet de sa teste, appelant son père à son aide, lui disant : « Voici l'heure. Adieu mon père, » puis priant Dieu. Enfin au dernier accès rendit son esprit à Dieu, son père. Son corps fut enterré en l'église de Lignou.

« Guillaume Apert, dit le Cad t, de la Fosse-de-Hallaine, mourut de hydropisie, le jeudi au soir, viron minuit, jour 15e de novembre 1612 et fut enterré le samedi suivant, jour 17e dudit mois, en l'église de Hallaine. Il fut ouvert par le ventre et on tira de l'eau de son corps par plusieurs fois, en tel nombre et quantité qu'on vouloit, mais de dans le quatrième jour il mourut comme dit est.

« Le dimanche 23e jour de juin, vigille Saint-Jean-Baptiste, 1613, Me Marin de la Fosse, presbtre, se tua par fortune, à Bloys, après avoir dit la grande messe à Saint-Martin, à Bloys, et avoir disné, s'achemina pour aller voir un certain presbtre de ses amis, et monté en une chambre, voulut regarder par un petit vollet, accoudé sur une pierre ; elle luy faillit si promptement qu'il ne se peut qu'il ne tombast en terre et se brisa la teste si outrageusement qu'il ne dit jamais qu'une fois : « Jhésus », expira et rendit son âme à Dieu deux heures après. *Requiescat in pace ;* et son corps fut enterré solennellement le lendemain, à Saint-Martin, à Bloys, jour Saint-Jean-Baptiste. »

1623. Décès de Guillaume Crennes, forgeron à Baignoles, sous M. Boucher.

« La conversion de haut et puissant seigneur M. de Montaterre. Le dimanche, jour dix-huitième du mois de mars, l'an mil six cent quatre-vingt neuf, haut et puissant seigneur le baron de Sept-Forges et Boys-Froustz, se convertit à la foy catholique et roumaine, et fut le dit jour dimanche à la messe et à vespres à l'église de Nior. près Lassay, avec piété et dévotion, faisant paroistre, par signes extérieurs, que son intérieur estoit religieux, avec une foy réelle, pour, à l'advenir, aimer et servir à Dieu et à son Eglise et au contentement de ses amis. Et après avoir abjuré sa détestable et damnable erreur luthérienne et calviniste, laquelle il avoit suivie et en laquelle il avoit été nourri par ses père et mère, et autres, ses prédécesseurs qui, dès les premiers troubles, avoient fait de grandz pillages aux églises et particulièrement brûlé notre sainte et dévote chapelle, Notre-Dame-de-Lignou, jusqu'à deux foys, il y a plus de 60 ans, usé de grandes cruautés sur les gens d'église. Siècle misérable. Il s'est jeté en la nasselle de l'Eglise roumaine; il a juré vivre et mourir. Dieu lui en fasse la grâce. »

Bénédiction de la chapelle de Bagnoles, par le curé de Couterne (25 juin 1696).

Décès de demoiselle Louise Elie, âgée de trente-six ans, décédée à Bagnoles, fille de Me Pierre Elie, sieur de Cernay, lieutenant général de Falaise, inhumée le lendemain dans l'église de Couterne (26 avril 1742).

Inhumation, dans le chœur de la chapelle de Couterne, de Charles-François de Hennot, écuyer, chevalier, châtelain et patron d'Octeville, l'Estrée, Anglesqueville, décédé à Baignolles à l'âge de 55 ans, en présence de Me Pierre-François de Hennot, écuyer, chevalier, sieur du Rosel.

M. Lebailli, secrétaire de la mairie de Couterne, a eu l'heureuse pensée de faire le relevé complet de tout ce que ces registres renferment de plus intéressant pour l'histoire locale. M. Lebailly est également l'auteur d'une bonne *Monographie de l'occupation prussienne dans l'arrondissement de Domfront, en 1815*. Les éléments de ce travail ont été tirés de la correspondance relative au magasin établi à Couterne, à cette époque, pour la subsistance des troupes.

Des félicitations sont dues à M. Lebailly pour ces utiles travaux.

CANTON DE FLERS

La Selle-la-Forge. — Etat civil depuis 1639, contenant des procès-verbaux d'assemblées des habitants, antérieures à l'établissement des municipalités rurales. Délibérations depuis l'an VIII. Ordre parfait, mais pas d'Inventaire.

CANTON DE JUVIGNY

La Chapelle-Moche. — Etat civil depuis 1602. Le premier registre est intitulé : « Papier annaliste, par Jehan Lamy, curé »; le deuxième : « Papier annaliste ou sont enregistrés les baptêmes, mariages et sépultures de la Chapelle-Moche, commencé l'an 1614, sous le rectorat de maistre J. Chappron, curé, commis l'an 1609, au mois d'avril, à l'église de laquelle il restitua premièrement un livre missael et psautier qui coustèrent vingt escus, l'orna d'un encensoir, 4 livres, d'un bénistier, 4 livres, restitua les images, trois autels, celuy de la Vierge, des Trois Marie et de Saint Eloy, la fist blanchir l'année 1603, réparer, l'an 1613, donna la bannière de damast et ayda à clore le cimetière, la première année de sa résidence l'an 1605. »

Les registres des délibérations remontent à l'an V pour la section de La Chapelle-Moche, qui dépendait autrefois du ressort du Maine et, depuis la Révolution jusqu'en 1833, de la Mayenne; à l'an X pour la section de l'Orne. Le récolement de l'Inventaire a été fait en 1875.

Tessé-la-Madeleine. — Etat civil depuis l'an II. Inventaire fait en 1884.

CANTON DE MESSEI

Banvou. — Etat civil depuis 1630, contenant des procès-verbaux de publications de contrats. Délibérations depuis l'an VIII. Pas d'inventaire.

Chatellier (Le). — Etat civil depuis 1674. J'y relève l'acte suivant : « Le trente-unième jour d'aoust 1674, s'est présenté un jeune adolescent, fils de noble homme Pierre de Neufville, escuier, sieur d'Auvilliers et de noble femme Madeleine Auvray, ses père et mère, âgé de dix-neuf ans ou environ, lequel en fait d'église a été nommé Charles par noble personne François de Marseille, sieur de la Chastellière et par demoiselle Jeanne de Neufville, parrain et marraine, lesquels ont signé en présence de Pierre Geslin, de Charles Le Riche, de Jacques Châtel et de Guillaume Le Riche, lesquels ont signé. »

Délibérations depuis 1829. Pas d'inventaire.

Dompierre. — Etat civil depuis 1674. Délibérations depuis 1838. Pas d'Inventaire. Le secrétaire de mairie promet d'en préparer un.

Ferrière-aux-Etangs (La). — Etat civil depuis 1602, malheureusement incomplet. Le curé en 1624 était Me Gervais Pierre. Ces registres renferment des documents précieux. Parmi les seigneurs de La Ferrière, on cite en effet Louis Berryer, directeur de la Compagnie des Indes, ministre d'Etat sous Louis XIV, et son fils, Jean-Baptiste-Louis, qui vendit en 1733 le comté de La Ferrière au P. Charles Armand Foucquet, fils du surintendant et neveu de l'archevêque de Narbonne, mort en exil à Alençon en 1673. Cette terre, après la mort du P. Foucquet, passa au maréchal de Belle-Isle, son neveu.

Saint-André-de-Messei. — Etat civil depuis 1664 (lacunes). Délibérations depuis 1844. Pas d'inventaire.

Saires-la-Verrerie. — Etat civil depuis 1683 (lacunes). Délibérations depuis l'an II.

CANTON D'ÉCOUCHÉ

Batilli. — Etat civil depuis 1673 (pour l'ancienne paroisse de Bernay); depuis 1680 (pour Batilli) et depuis 1686 (pour Treize-Saints).

Délibérations depuis 1837. — Local humide; casiers insuffisants. Pas d'Inventaire.

Saint-Brice-sous-Rânes. — L'Inventaire accuse l'existence des registres de l'Etat civil, en quatre liasses, depuis 1668 jusqu'en l'an VIII. Cependant je n'ai trouvé d'autres registres actuellement présents que ceux qui font suite à l'an VIII. Conservation défectueuse. — Délibérations depuis 1836.

Saint-Ouen-sur-Maire. — Etat civil depuis 1698. Délibérations depuis 1837. Inventaire. Bonne conservation.

CANTON DE MESLE-SUR-SARTHE

Mesle-sur-Sarthe. — J'ai rendu compte, dans mon Rapport de 1885, de l'état des Archives de cette commune. Le secrétaire de la mairie y a découvert depuis une pièce sur parchemin assez intéressante. C'est une sentence des requêtes du Palais de Rouen, du 2 février 1553, qui juge nulles et casse les lettres obtenues par les héritiers de Vincent Gogué, au sujet d'une transaction faite le 11 mars 1544, entre lui et le comte Jacques de Montgommery, pour la terre du Mesle-sur-Sarthe et renvoie ce dernier en possession de ladite terre, pour être incorporée à son comté de Montgommery.

CANTON DE BELLÊME

Appenai-sous-Bellême. — Etat civil depuis 1626. Délibérations depuis 1806. Inventaire régulier, local humide et insuffisant.

Chapelle-Souëf. — Etat civil depuis 1607, Jehan Bréval, curé. Sur la couverture d'un des registres, on trouve un fragment du compte de la recette « du Trespas de la Perrière, adjugée pour sept livres tout net, pour l'année mil cinq cent XLI. Autres baillées ès rivages et environs de la forest de Bellesme, en l'année mil cinq cent vingt, CX sols. » Délibérations depuis l'an III. Pas d'inventaire.

Dame-Marie. — Etat civil depuis 1622 pour l'ancienne commune de Saint-Martin-du-Douet. Notes relatives aux comptes du trésor et à l'affermement des dîmes par Hiérosme Plessis, prêtre, chapelain de l'église prieure et curé de Saint-Jean-de-la-Forêt. Adjudication de la confrérie du Bâton de Saint-Martin à Claire Guérin, à 6 livres ; du cierge de la Reine, à Madeleine Cotinet, à 3 livres, en 1643. La couverture d'un des registres contient un fragment d'un manuscrit du XIIe siècle, qui semble être un des premiers feuillets de l'*Histoire de la guerre des Juifs contre les Romains*, par Flavius Josephe. Il y est question, en effet, de Jérusalem, du roi d'Hérode, d'Antoine qui donna la Judée à Cléopâtre, et d'Antigone, fils d'Aristobule II, emmené prisonnier à Rome par Ptolémée, l'an 61 de Jésus-Christ.

Les registres de l'état civil de la paroisse de Dame-Marie remontent à 1692. Les délibérations à l'an III. L'inventaire a été fait en 1895.

Igé. — Etat civil depuis 1585, pour Igé ; premier registre rédigé en latin. Thomas Grégoire, curé.

Registre de l'ancienne paroisse de Marcilly depuis 1594. Inventaire.

CANTON DE LONGNI

L'Hôme-Chamondot. — Etat civil de l'Hôme, 1657 ; état civil de l'ancienne paroisse de Brotz, 1678. Délibérations depuis l'an II. Pas d'Inventaire.

Malétable. — Etat civil depuis 1628. Délibérations depuis 1812. Pas d'inventaire.

CANTON DE NOCÉ

Saint-Cyr-la-Rosière. — Etat civil depuis 1613 pour

Saint-Cyr; depuis 1681, pour Sainte-Gauburge. Délibérations depuis l'an X. Inventaire fait en 1896.

CANTON DU THEIL

Bellou-le-Trichard. — Etat civil depuis 1623. Délibérations depuis 1786. Inventaire.

CANTON DE TOUROUVRE

Autheuil. — Etat civil depuis 1714. Délibérations depuis 1791. Parmi les pièces diverses non classées, j'ai remarqué un rôle de la corvée en 1769 et une déclaration des immeubles de la succession de Jean Debraye, en 1684. Pas d'Inventaire.

Bivilliers. — Etat civil depuis 1603, contenant un état des fondations de messes. Les anciens regitres des délibérations manquent. Pas d'Inventaire. Ce n'est pas d'aujourd'hui d'ailleurs que les archives de Bivilliers laissent à désirer. Le 27 prairial an V, le ministre de l'Intérieur Benezech signifiait à l'administration départementale le refus de l'agent-municipal de cette commune de remettre au chef-lieu les registres de l'état civil.

Brésolette. — Etat civil depuis 1769, Guillaume Provost, curé. Délibérations depuis l'an VIII. Inventaire rédigé en 1880, mais insuffisant.

Bubertré. — Etat civil depuis 1646. Délibérations depuis 1818. Pas d'inventaire. Le nouveau maire se propose d'en faire dresser un.

Lignerolles. — Etat civil depuis 1729. M. Revel, curé. En

cette année, on trouve, à la date du 21 septembre 1723, dans un acte de mariage, la mention de Laurent Guérin, écuyer, et de Nicolas de Gentilly, écuyer, témoins d'un mariage. A la date du 14 décembre de la même année, inhumation de Pierre Abot, écuyer, seigneur du Buat, décédé le jour précédent. — 21 décembre, baptême de Jacques-Thomas Picard, parrain de Jacques Abot, écuyer, marraine Louise de Launay, veuve de M. de Hersey. — 11 janvier 1724, Jean de la Couronne, fils d'un cocher de M. le prince de Conti, mort chez sa nourrice, en cette paroisse. — 5 février 1725, mariage de René Massard, de Soligny, et de Barbe Poirier, de Lignerolles, en présence de Nicolas-Gédéon de Piliers de Gentilly, écuyer, et de Laurent Guérin, écuyer, sieur de Chavront. — 26 juillet 1726, mariage de René de Piliers, écuyer, seigneur de Gentilly, de la paroisse de Chérancey, et de demoiselle Françoise Abot. Témoins : Françoise-Marthe d'Erard, mère de l'épouse. — 13 mai 1726, baptême de Marie-Renée-Françoise, fille de René de Pilliers, écuyer, seigneur de Gentilly et du Buat, et de Françoise Abot ; parrain, Jacques Abot, écuyer, sieur de Champs ; marraine, Françoise-Marthe d'Erard, de Gentilly. — 18 janvier 1731, mariage de Pierre de Fontenay, écuyer, ancien lieutenant au régiment Dauphin, fils de Gilles de Fontenay, écuyer, et de feu Jeanne Dubreuil et de dame Françoise Abot, veuve, avec dispense du 3e au 4e degré d'affinité. — 4 avril 1741, liste des enfants confirmés. Elizabeth-Renée Gleron, sœur de la Providence, tenait alors l'école pour les filles.

Délibérations depuis l'an XIII. Pas d'Inventaire. Local humide.

Prépotin. — Etat civil depuis 1669. Délibérations depuis 1815. Inventaire.

Tourouvre. — Etat civil depuis 1588. Délibérations depuis l'an VIII. Inventaire.

Ventrouze (La). — Etat civil depuis 1615. Délibérations depuis 1835. Les premières pages des registres paraissent avoir été enlevées. Pas d'Inventaire.

J'aurai l'honneur de vous proposer, M. le Préfet, de rappeler vos instructions sur la conservation des Archives, aux maires des communes dans lesquelles j'ai constaté un état défectueux ou l'absence d'Inventaire. — A la suite du rappel que vous avez fait de ces instructions, les maires des communes de la Haute-Chapelle et de la Ferrière-au-Doyen ont rédigé cette année l'Inventaire des Archives de leur communes et en ont adressé un double à la Préfecture. Celui de Nonant est presque achevé. Ces Inventaires m'ont paru suffisants.

Votre circulaire, en date du 28 mai 1900, sur l'obligation du récolement de l'Inventaire dans les communes où les municipalités ont été renouvelées à la suite des dernières élections, tend au même but. Malheureusement je n'ai eu jusqu'à ce jour, communication que d'un seul récolement qui a été fait pour les Archives de Bursard.

La conservation des Archives hospitalières du département ne laisse rien à désirer.

Les Archives de la Sous-Préfecture de Domfront sont les seules où un triage de papiers à supprimer est réclamé. J'ai commencé ce travail l'année dernière et donné des instructions au secrétaire de la Sous-Préfecture. Si vous le jugez nécessaire, je m'y transporterai de nouveau, afin de faire débarrasser les combles des papiers que j'y ai triés et de ceux dont la suppression pourra être autorisée.

IX. — Personnel et crédits.

Je vous prie de vouloir bien maintenir, dans votre projet de budget, les crédits des années précédentes. Je ferai remarquer que si le crédit pour l'impression de l'Inventaire n'a pu être complètement employé l'année dernière, c'est par suite du retard provenant de l'adjudication faite à la fin de l'année 1900 à un autre imprimeur. Il est regrettable que le reliquat de ce crédit (88 fr. 30) n'ait pas été reporté sur le budget de 1900.

Veuillez agréer, etc.

Louis DUVAL.

ALENÇON. — IMP. VEUVE FÉLIX GUY ET Cie

www.ingramcontent.com/pod-product-compliance
Ingram Content Group UK Ltd.
Pitfield, Milton Keynes, MK11 3LW, UK
UKHW021033220726
13924UKWH00001B/296